रंगीन खिड़कियां

अंकिता सिंह

Copyright © Ankita Singh
All Rights Reserved.

This book has been self-published with all reasonable efforts taken to make the material error-free by the author. No part of this book shall be used, reproduced in any manner whatsoever without written permission from the author, except in the case of brief quotations embodied in critical articles and reviews.

The Author of this book is solely responsible and liable for its content including but not limited to the views, representations, descriptions, statements, information, opinions and references ["Content"]. The Content of this book shall not constitute or be construed or deemed to reflect the opinion or expression of the Publisher or Editor. Neither the Publisher nor Editor endorse or approve the Content of this book or guarantee the reliability, accuracy or completeness of the Content published herein and do not make any representations or warranties of any kind, express or implied, including but not limited to the implied warranties of merchantability, fitness for a particular purpose. The Publisher and Editor shall not be liable whatsoever for any errors, omissions, whether such errors or omissions result from negligence, accident, or any other cause or claims for loss or damages of any kind, including without limitation, indirect or consequential loss or damage arising out of use, inability to use, or about the reliability, accuracy or sufficiency of the information contained in this book.

Made with ❤ on the Notion Press Platform
www.notionpress.com

परमपिता परमेश्वर , ज्ञान की देती माँ शारदा के पावन चरणों में काव्य कुंज समर्पित ।

माँ श्रीमती मधु यादव , पापा श्री हेमन्त कुमार के स्नेह युक्त आशीष से मेरी लेखनी को उत्कृष्टता प्राप्त हुई , अतः उनके पावन चरणों में काव्य कुंज समर्पित ॥

क्रम-सूची

स्तुति...	vii
प्रस्तावना	ix
भूमिका	xi
आभार	xiii
1. रिक्त वेदना......	1
2. प्रिय अन्तर्मन	4
3. गोल रोटी....	6
4. आओ नया ख्वाब बुने......	9
5. लखनऊ एक रंगोली है....	12
6. जीवन की सारी वेदनाओं को......	14
7. प्रिंस चार्मिंग...	16
8. बारिशे	18
9. गुलाबी जाड़ों के नाम.....	20
10. इंक पेन	22
11. एकाकीपन की आरजू....	25
12. माँ तेरी परछाई हूँ मैं	27
13. संघर्ष की महावर......	29
14. मधुमास बोना चाहिए....	31
15. एक टुकड़ा मेघ का.....	34
कवयित्री परिचय	37
संपर्क सूत्र	39
धन्यवाद	41

• v •

स्तुति...

हंस वाहिनी , वीणा वादिनी
नमस्तेतु माँ शारदे ,
देवी ज्ञान की ,
कोकला तान की ,
देवी सरस्वती नमस्तुते ।।

प्रस्तावना

काव्य सृजन की मंजरी है । जब भावनाओं की जड़ो से उदित शब्द रूपी तरुवर सृजनकार की हृदय उत्कंठा को शांत कर पृष्ठ के पटल पर मन की कलम से भावों को उकेर देते है तो नव कविता का उदय होता है । नव सृजन की अभिलाषा है कविता । मन से मन की गिरह जो खोले अभिव्यक्ति की आशा है कविता ॥ प्रस्तुत काव्य संग्रह यर्थाथ के फूल में जीवन के अनुभवों से अर्जित ज्ञान रूपी तरु की काव्य कोपले प्रस्तुत की गई है । जो लेखिका के जीवन के प्रति दृष्टिकोण को लेखनी के माध्यम से अभिव्यक्त करती है ।

भूमिका

काव्य साहित्य की धरोहर है । काव्य सृजन की अभिलाषा है । काव्य ज्ञान एवं अभिव्यक्ति का अनुपम भंडार है । यह कवि के हृदय में पनप रही भाव मंजरी को कलम की पैनी नोक से दुनिया के समक्ष अभिव्यक्त करता है । अतः पुस्तक रंगीन खिड़कियाँ में काव्य की नव कोपलों के अंश प्रस्तुत है ।

आभार

काव्य जीवन का दर्पण है । यह कवि के मन की मौन अभिव्यक्ति को कलम के माध्यम से दुनिया के समक्ष प्रस्तुत करता है । अतः इस पुस्तक लेखन की उत्कृष्ट प्रेरणा देने हेतु प्रकृति , यथार्थ के प्रेरणादायक अनुभवों तथा माँ , पापा का अन्नत कोटि आभार । मेरी कविताओं को प्रकाशित करने के लिए प्रकाशक का अन्नत कोटि आभार ॥

1. रिक्त वेदना......

मन की रिक्त वेदनाओं को ,
गंगा में बहा आये हैं ।
संघर्ष की अंगीठी में ,
नये ख्वाब सेक लाए हैं ॥
रिक्तता के काटों ने ,
मन को जो घायल किया ।
वो शून्य के हर शगुन में ,
शिखर का नेग लाए हैं ॥
मन की रिक्त वेदनाओं को,
गंगा में बहा आए हैं ।

रंगीन खिड़कियां

गंगा

अमावस के प्रतिबिंब में ,
चाँद सजा आए हैं ।
जो मन के सूने सार्थी ने ,
रिक्त पकडंडी का रुख किया ।
वो " मैं " के सूखते दरख्त को ,
" हम " के पल्लव दे आए हैं ।
मन की रिक्त वेदनाओं को ,
गंगा में बहा आए हैं ।
सूर्य के नेह बिंब में ,
उषा को अर्क दे आए हैं ।
सागर के स्पर्श से ,

सींचा है नदिया का हृदय ,
वो मरुथल की हर सांस को ,
आबशार कर के आए हैं ॥
मन की रिक्त वेदना को ,
गंगा में बहा आए हैं ।
देह के सूने उपवन को ,
पलाश कर के आए हैं ।
वो परिन्दें है स्वाभिमान के ,
आकाश में जो उड़ रहे ।
पतझड़ की हर राख को ,
बसंत कर के आए हैं ।
मन की रिक्त वेदना को ,
गंगा में बहा आए है ॥

अंकिता सिंह
लखनऊ

2. प्रिय अन्तर्मन

प्रिय अन्तर्मन,

अन्तर्मन

महकी महकी सांसो को ,
तुम पलाश लगते हो ।
पतझड़ो की वेदना को,

अंकिता सिंह

तुम अमलतास लगते हो ।
सरिता के सुर्ख लब को ,
समुन्दर की प्यास लगते हो ।
शून्यता के मरुथल को,
शिखर की आस लगते हो ।
तुममें घुल कर मैंने ,
यूँ जीवन तराशा है ।
आमावस की हर साँझ को ,
तुम दीवाली का आभास लगते हो ।
मेरी लेखनी की अंकिता कर ,
मेरी पहचान लगते हो ।
मेरे अन्तर्मन -
तुम मेरे अस्तितव की आन लगते हो ।
जीवन को जो नव दिशा दे ,
ऐसी उड़ान लगते हो ।
मैं खुद में जो खुद को ढूंढ सकू ,
मेरे वजूद की पहचान लगते हो ॥

अंकिता सिंह
लखनऊ

3. गोल रोटी....

तोरी अम्मा जी कहत रहीं ,
लाडो सर्वगुणी है ,
संस्कारी है ,
मोरी बगिया की फुलवारी है ।
मोर जियरा महकावत है ,
अंगना मा चिरइया सी -
चहक जावत है ।
पर ई का ??????
तू तौ संस्कार का,
चूल्हा मा धधकावत है ।
अरी बहुरिया -
तू गोल रोटी भी नहीं बेल पावत है ।

रोटी

रोटिन की गोलाई मा ,
टेढ़ - मेढ़ नक्शा बनावत है ।
मोरे घर की धजिया उड़ावत है ॥
बहु सुनत रही ,

रंगीन खिड़कियां

सिसकत रही ,
फिर बोली -
हाँ माई !
नहीं बेल पाती मैं गोल रोटी ,
क्योंकि मेरे देश के गद्दार नोच लेते हैं ,
वीर जवानों की बोटी बोटी
धधकती है-
मेरे सीने में आग और बेलती हूँ मैं ,
देश के टेढ़े दुश्मनों सी,
टेढ़ी - मेढ़ी रोटी
कि सुलगा सकू
मैं उनको चूल्हे पर
जो सदियों से मेरा देश सुलगा रहे हैं ॥

अंकिता सिंह
लखनऊ

4. आओ नया ख्वाब बुने......

आओ नया ख्वाब बुने ,
मन के रास्ते
गुलमोहर के फूल पर नहीं बैठते भौरे अब ,
आओ उनका मिलन कराये -
आहिस्ते आहिस्ते ॥
आओ नया खवाब बुने ,
मन के रास्ते ,
उम्मीदों की दहलीज पर नहीं जलते दीपक अब
आओ नेह के दीप जलाये -
आहिस्ते आहिस्ते ॥
आओ नया ख्वाब बुने ,
मन के रास्ते ,
आसमान में नहीं उड़ते
हौसलों के परिन्दे अब

परिन्दे

आओ उन्हे नव गगन दिखाये

अंकिता सिंह

आहिस्ते आहिस्ते ॥
आओ नया ख्वाब बुने,
मन के रास्ते ।
नहीं देख पाते सागर को
अब नदिया के सूखे नैन ।
आओ सरी की आँखो में ,
सागर का अंजन लगाये ।
आहिस्ते आहिस्ते ॥
आओ नया ख्वाब बुने ,
मन के रास्ते ।
आओ नया ख्वाब बुने ,
मन के रास्ते ॥

अंकिता सिंह ,
लखनऊ

5. लखनऊ एक रंगोली है....

तहजीब के घरौंदे में ,
नजाकत की बोली है ।
नव उमंगो के आशिया में ,
लखनऊ एक रंगोली है ॥

अंकिता सिंह

रूमी दरवाजा , लखनऊ

माँ गोमती के भाल पर सजी ,
पवित्र कुमकुम रोली है ।
यह शहर है अमन चैन का ,
संग हँसी और ठिठोली है ॥
चिकन के लिबास में सजी,
दुल्हनों की डोली है ।
स्नेह दीप दीवाली के ,
और रंग भरी होली है ।
यहाँ मैं का कोई धागा नहीं ,
पहले आप की मौली है ।
लहजे के कारवां में ,
इत्र से महकी बोली है ।
रंगो के आचमन की ,
लखनऊ एक रंगोली है ॥

अंकिता सिंह
लखनऊ

6. जीवन की सारी वेदनाओं को......

जीवन की सारी वेदनाओं को ,
मन से मिटाना चाहिए ।
गंगा की हर लहर को,

गंगा की हर लहर

गंगा सागर तक जाना चाहिए ॥
अमावस की तमिर तृष्णाओं को ,

तन से मिटाना चाहिए ।
मन की सूनी दहलीज पर ,
दीप मालाओं को जलाना चाहिए ॥
एक अरसे से जो शून्य थे ,
अब उन्हे शिखर हो जाना चाहिए ।
एकाकीपन के रास्तों को ,
महफिलों तक जाना चाहिए ॥
मरुथल की सूखी भूमि को ,
जमुना जल हो जाना चाहिए ।
स्नेह भरे मन के कुंभ में,
दो धारों का मिलन हो जाना चाहिए ।
जीवन की सारी वेदनाओं को,
मन से मिटाना चाहिए ॥
जीवन की सारी वेदनाओं को ,
मन से मिटाना मिटाना चाहिए ॥

अंकिता सिंह
लखनऊ

7. प्रिंस चार्मिंग...

चट्टान - ए - दिल को ,
मोम की आरजू बताते क्यों हो ?
हर्फ - ए - हसरत ,
लहरो पर लिख जाते क्यों हो ?
मौज - ए - पावस में ,
मिट्टी का घरौंदा बनाते क्यों हो ?
लुटे दरियाओं को,
जुस्तुजु - ए - समुन्दर सिखाते क्यों हो ?
गैर चिट्ठयों में ,

अपना संबोधन सजाते क्यों हो ?

अंकिता सिंह

अंक - ए - अमावस में ,
चाँद भर जाते क्यों हो ?
ख्वाब - ए - रातरानी में ,
जुगनू सा टिमटिमाते क्यों हो ?
अनजानी हसरतों के साथ,
ये अनजाना रिश्ता निभाते क्यों हो ?
बोलों न अननोन प्रिंस चार्मिंग -
मेरे ख्वाबों में रोज आते क्यों हो ?
फागुनी आलेख पर ,
टेसुओं सा मुस्कुराते क्यों हो ?
वो छुई - मुई सी मुस्कुराहट पर ,
मेरे पहलु में सिमट जाते क्यों हो ??

अंकिता सिंह
लखनऊ

8. बारिशे ....

बारिशे अकेली राहों में,
रहगुजर सी लगती हैं ।
उन्माद के इत्र से भरी,
बेखबर सी लगती हैं ॥
बारिशे अकेली राहों में ,
रहगुजर सी लगती हैं ।
अंधेरी रातों में शोर के दें ,
सारे जग की खबर सी लगती हैं।
बारिशे अकेली राहों में ,
रहगुजर सी लगती हैं ।
रातरानी के तन पर पड़ी ,
भ्रमर सी लगती हैं ॥
बारिशें अकेली राहों में ,
रहगुजर सी लगती हैं ।

अंकिता सिंह

हमसफर सी लगती हैं.....

हर जन्म जो साथ दे सकें ।
हमसफर सी लगती हैं ॥

अंकिता सिंह
लखनऊ

9. गुलाबी जाड़ों के नाम.....

चिट्ठियाँ लिखी उसने ,
मौसमों की स्याही से,
गुलाबी जाड़ों के नाम ।
अम्बर की मदहोशी से ,
आया महका हुआ पैगाम ,
कि -
अम्बर के लिहाफ में ,
कोहरे के मोती टक जाएगें ।
बहके बहके पारिजात ,
कुंवार की अंजुरी महकायेंगे ।
रातरानी के कोरे मफलर,
भ्रमर से लिपट जाएंगे ।
गुनगुनी धूपों के कम्बल ,
मन को मलंग बनाएंगे ।
रूमानी लिफाफों में रखे पत्र ,
अनजान नगरिया जाएगें।
हेमन्त ऋतु के अंगतुक पाखी ,
धरणी पर घरौंदा बनाएंगे ।
तब मौसम की सरगोशी में ,
जाड़े गुलाबी हो जाएगें ॥

अंकिता सिंह

अंकिता सिंह
लखनऊ

10. इंक पेन

पैंसिल छोड़ जब इंक पेन पकड़ा,
लगा अब तो बड़े हो गये ।
वो विद्या उपवन के बल्य कुंज,
एक घने तरुवर हो गये ।

अंकिता सिंह

घने तरुवर

वो शर्ट पर इंक छिड़क यारो की,
यारी के किस्से अमर हो गये ।
वो लास्ट बेंच पर उकेर कर दिल ,
आशिक सारे जग की खबर हो गये ।
जो पग धरा विश्वविद्यालय के नभ पर ,
इंक पेन बना साथी हर पग पर ।

इंक पेन

रंगीन खिड़कियां

वो स्वर्णिम कल के अमिट आलेख।
वो सफलता में घुले संघर्ष लेख।
वो प्रयत्मा को लिखे पत्र अनेक।
आज कुछ आश्चयचकित हो गये।
जो आज सब बयोमेट्रिक पर हर्षने लगे।
साक्षर होकर भी हस्ताक्षर छोड़,
फिर से अंगूठा लगाने लगे।
आज के हाईटेक लोग,
बीती सदी की याद दिलाने लगे।
जब गुलाम मुल्क में,
एक कागज के टुकड़े पर,
अनपढ़ अंगूठा लगता था।
अपना सबकुछ हार जाता था॥

अंकिता सिंह
लखनऊ

11. एकाकीपन की आरज़ू....

एकाकीपन की आरज़ू
जाने किसको पाना चाहती है ।
किसकी भीगी सांसों में ,
गुलाबी जाड़ा बिताना चाहती है ॥
एकाकीपन की आरज़ू ,
जाने किसको पाना चाहती है ।
किसकी उल्फत की आहों में,
जीवन भर गुनगुनाना चाहती है ॥

जीवन भर गुनगुनाना चाहती है .....

एकाकीपन की आरज़ू,
जाने किसको पाना चाहती है ।
किसकी समुन्दर सी आँखो में ,
दरिया बनकर उतर जाना चाहती है ॥
एकाकीपन की आरज़ू ,
जाने किसको पाना चाहती है ।
किसके मन के किवाड़ पर,
नेह तोरन लगाना चाहती है ॥

अंकिता सिंह
लखनऊ

12. माँ तेरी परछाई हूँ मैं

....

माँ तेरी परछाई हूँ मैं ।
तेरी सासों की गहराई हूँ मैं ।
अपने आँचल में सजों कर ,
तूने मुझे तराशा है ।
तेरी खुशियों की ,
शहनाई हूँ मैं ।
माँ तेरी परछाई हूँ मैं ।

अपने प्यार में पिरो कर ,
तूने मुझे सवारा है ।
तेरे आँचल की ,
शीतल छाई हूँ मैं ।
माँ तेरी परछाई हूँ मैं ।
तेरे अस्तितव से जुड़ कर ,
इस जहां में आई हूँ मैं ,
माँ तेरी परछाई हूँ मैं ॥

अंकिता सिंह

13. संघर्ष की महावर......

संघर्ष की महावर से,
पग लाल हुए है ।
पीड़ा के अमलतास ,
गुलाल हुए है ॥
समय ने दस्तख्त किये हैं ,
कर्मों की लकीर पर ,
शून्य ऊँचे शिखरों की ,
देखो मिसाल हुए है ॥
संघर्ष की महावर से ,
पग लाल हुए है ।
मरुथल के दरिया भी
समुन्दर की नेह धार हुए है ॥
पतझड़ की शाखों पर ,
तन गुलनार हुए है ।
हार की वेदी ने ,
जीत के पुष्प हार छुए है ॥
बिन लकीरों के ,
कर्मो ने लिखी है किस्मत
अंकिता की कलम से ,
कितने कमाल हुए है ।
संघर्ष की महावर से
पग लाल हुए है ॥

रंगीन खिड़कियां

संघर्ष की महावर से
पग लाल हुए है ॥

अंकिता सिंह
लखनऊ

14. मधुमास बोना चाँहिए....

एकाकीपन के खरमास में ,
मधुमास बोना चाहिए ॥
उन्माद की देह बोलियों को ,
बसंती रस रास बोना चाहिए ॥
शून्य मौन मन का ,
एक सदी तक चला ॥
अब नव शब्द कुजों में ,
अगली सदी का अट्टाहास बोना चाहिए ॥
एकाकीपन के खरमास में ,
मधुमास बोना चाहिए ।
चाहतों के झरनों में ,
स्नेह अहसास बोना चाहिए ॥
दरख्त अनगित पतझड़ों का ,
कब तक सहे ।
हर शाख पर प्रणय पल्लवों का ,
मोहभास बोना चाहिए ॥
एकाकीपन के खरमास में ,
अब मधुमास बोना चाहिए ।
मरुथल की हर आस में ,
नदी की प्यास को बोना चाहिए ।

रंगीन खिड़कियां

रेत के सूखे पथ पर ,
वो कब तक चले ।
हर पकडंडी में सागर का ,
विश्वास बोना चाहिए ॥
एकाकीपन के खरमास में ,
अब मधुमास बोना चाहिए ॥

मधुमास ..

शून्य की हर वेदना में ,
शिखर का उल्लास बोना चाहिए ॥
टूटी देह की डाल पर कब तक रहे ।
अब पाखी को नव नीड का ,
आभास होना चाहिए ॥

अंकिता सिंह

एकाकीपन के खरमास में ,
मधुमास बोना चाहिए ॥

अंकिता सिंह
लखनऊ

15. एक टुकड़ा मेघ का.....

एक टुकड़ा मेघ का,
न जाने किसे बुलाता है।
जब सूने मन की गलियों में ,
आषाढ़ बरस कर जाता है । ।
एक बूटा मेंहदी का,

मेंहदी

सुर्ख साँझो को शर्माता है ।

अंकिता सिंह

कोरी कलाई पर ,
जब कोई अनलिखा नाम लिख जाता है ॥
एक हिस्सा बारिश का ,
अक्सर सूखा रह जाता है ।
जो बिन अनजाने के ख्वाब में
सावन बरस कर जाता है ॥

अंकिता सिंह
लखनऊ

कवयित्री परिचय

कवयित्री परिचय

अंकिता सिंह

अंकिता सिंह एक स्वतंत्र लेखिका है । आप की लेखनी की महक लखनवी तहजीब में घुली है । आपने लखनऊ विश्वविद्यालय से पत्रकारिता एवं जनसम्पर्क में परास्नातक व एम . एड की उपाधि प्राप्त की है । आपने डॉ राम मनोहर लोहिया अवध विश्व विद्यालय उत्तर प्रदेश से एम. ए अंग्रेजी तथा एम . ए शिक्षा शास्त्र की उपाधि प्राप्त की है । आपने यूजीसी नेट की परीक्षा शिक्षा शास्त्र विषय में 6 बार उर्त्तीण की है । आपको कविताएं एवं लेख लिखने का शौक है । अब तक आपकी 14 पुस्तकें प्रकाशित हो चुकी है । जिसमें " कलम के पलाश , चहकते पन्ने , सावन के हस्ताक्षर, काव्य के गुलमोहर , पोएटिक फेदर्स , मियूजिंग ऑफ परफेक्ट मून लाईट कविता संग्रह , शून्य सरोवर व स्नेह तरु कहानी संग्रह , टेन्सस द बलॉसम ऑफ इंग्लिश ग्रामर एबिलेटी डैफोडिलस , फेस्टिव कैंडिलस , रिफरेन्स बुक गौरया बचाओ विषय पर आधारित तथा कुछ अन्य पुस्तके प्रस्तुत है ॥ आपके लेख तथा रिसर्च पेपर विभिन्न राष्ट्रीय तथा अंतरराष्ट्रीय पत्रिका में प्रकाशित हो चुके है ॥ अब तक आपकी 12 5 कविताएं प्रकाशित हो चुकी हैं।

संपर्क सूत्र

Email id- anks26.as@gmail.com
Instagram id- @anki.ta7662

धन्यवाद

ज्ञान की देवी माँ शारदा का मेरे द्वारा काव्य सृजन करवाने हेतु कोटि कोटि धन्यवाद ।

    अंकिता सिंह

www.ingramcontent.com/pod-product-compliance
Lightning Source LLC
LaVergne TN
LVHW041555070526
838199LV00046B/1980